A NOVA DIMENSÃO
DO DIREITO ADMINISTRATIVO

O Direito Administrativo português na perspectiva comunitária

FAUSTO DE QUADROS
Doutor em Direito
Professor Catedrático da Faculdade de Direito de Lisboa

A NOVA DIMENSÃO DO DIREITO ADMINISTRATIVO

O Direito Administrativo português na perspectiva comunitária

(REIMPRESSÃO)

LIVRARIA ALMEDINA
COIMBRA
2001

TÍTULO:	A NOVA DIMENSÃO DO DIREITO ADMINISTRATIVO
AUTOR:	FAUSTO DE QUADROS
1.ª Edição 1999:	1000 exemplares
1.ª reimpressão 2001:	1000 exemplares
EDITOR:	LIVRARIA ALMEDINA – COIMBRA www.almedina.net
DISTRIBUIDORES:	LIVRARIA ALMEDINA ARCO DE ALMEDINA, 15 TELEF. 239 851900 FAX 239 851901 3004-509 COIMBRA – PORTUGAL
	LIVRARIA ALMEDINA – PORTO RUA DE CEUTA, 79 TELEF. 22 2059773 FAX 22 2039497 4050-191 PORTO – PORTUGAL
	EDIÇÕES GLOBO, LDA. RUA S. FILIPE NERY, 37-A (AO RATO) TELEF. 21 3857619 FAX 21 3844661 1250-225 LISBOA – PORTUGAL
	LIVRARIA ALMEDINA ATRIUM SALDANHA LOJA 31 PRAÇA DUQUE DE SALDANHA, 1 TELEF. 21 3712690 atrium@almedina.net
	LIVRARIA ALMEDINA CAMPOS DE GUALTAR UNIVERSIDADE DO MINHO 4700-320 BRAGA TELEF. 253678822 braga@almedina.net
EXECUÇÃO GRÁFICA:	G.C. – GRÁFICA DE COIMBRA, LDA. PALHEIRA – ASSAFARGE 3001-453 COIMBRA Email: producao@graficadecoimbra.pt
	OUTUBRO de 2001
DEPÓSITO LEGAL:	130663/98

Toda a reprodução desta obra, por fotocópia ou outro qualquer processo, sem prévia autorização escrita do Autor e do Editor, é ilícita e passível de procedimento judicial contra o infractor.

APRESENTAÇÃO

O texto que agora se publica corresponde à lição síntese (para empregarmos a terminologia da lei aplicável) que, em 27 de Novembro de 1998, proferimos no quadro das nossas provas públicas de agregação em Direito (menção de Ciências Jurídico-Políticas) pela Faculdade de Direito da Universidade de Lisboa.

Essa lição foi preparada para, conforme dispõe a lei, ser ministrada em sessenta minutos. Como é de tradição académica, a lição é agora publicada nos exactos termos em que foi proferida, designadamente, sem notas ou desenvolvimentos complementares.

Para melhor compreensão da lição, fazemo-la preceder do seu sumário, que foi antecipadamente entregue com o requerimento das provas de agregação, em Maio passado.

Lisboa, Janeiro de 1999.

SUMÁRIO

I
Introdução

1. O objecto da lição; o tema escolhido. Sua delimitação.

2. Inserção do objecto da lição no plano de estudos da Licenciatura em Direito, e, mais concretamente, no programa da disciplina de Direito Administrativo I.

3. As razões científicas e pedagógicas da escolha do objecto da lição. Importância do tema escolhido. A sua actualidade.

4. Plano da lição.

II
A concepção clássica da relação entre o Direito Administrativo e o Direito Comunitário

5. A congénita proximidade dogmática entre o Direito Administrativo e o Direito Comunitário. A interacção entre os dois sistemas jurídicos.

6. As origens: o contributo do Direito Administrativo para a formação e a estruturação do Direito Comunitário.

7. O retorno: o contributo do Direito Comunitário para o aprofundamento dogmático do Direito Administrativo.

III
O estado actual da relação entre
o Direito Administrativo e o Direito Comunitário

8. O nascimento do conceito de Direito Administrativo Europeu.

9. Os diversos sentidos de Direito Administrativo Europeu.

10. O entendimento de Direito Administrativo Europeu que interessa ao objecto desta lição: a "europeização" do Direito Administrativo nacional.

11. Concretamente, a penetração do Direito Comunitário no Direito Administrativo português: a modelação do Direito Administrativo português pelo Direito Comunitário. Colocação do problema.

12. Continuação: os principais instrumentos da modelação do Direito Administrativo português pelo Direito Comunitário.

IV
Conclusões

Apresentação sintética das principais conclusões da lição, com destaque especial para a demonstração do contributo desta para uma melhor compreensão do moderno Direito Administrativo português.

I

Dentro da caracterização genérica do Direito Administrativo que vimos levando a cabo nestas primeiras aulas, fizemos referência na última aula aos ramos de Direito que de algum modo se podem considerar afins do Direito Administrativo. Dissemos, ao terminar a aula, que o ramo de Direito com o qual o Direito Administrativo hoje apresenta maior afinidade, logo a seguir ao Direito Constitucional – e, neste caso, pelas razões que então explicámos –, é o **Direito Comunitário** (expressão que hoje se utiliza por razões de brevidade para se designar o que com maior rigor se devia chamar de **Direito da União Europeia** ou **Ordem Jurídica da União Europeia**). É esta relação entre o Direito Administrativo e o Direito Comunitário que vamos tentar hoje compreender.

Justifica-se que o façamos agora, logo no início da leccionação desta disciplina de Direito Administrativo I, porque aquela relação condiciona fortemente a caracterização de ambos os sistemas jurídicos referidos e, portanto, também do Direito Administrativo. Por isso, para apreendermos melhor o objecto do estudo desta disciplina, e, portanto, o programa que lhe foi por nós fixado, é necessário que, desde já, fiquem claros os traços gerais daquela relação, sem prejuízo de termos de retomar a matéria, com mais pormenor, a propósito dos vários pontos do programa quanto aos quais essa relação de proximidade mais se faça sentir. **É da definição desses traços gerais da relação entre o Direito Administrativo e o Direito Comunitário, com vista a melhor se chegar à caracterização geral do actual Direito Administrativo português, que, portanto, nos ocuparemos hoje.**

Vai ser, pois, o seguinte o plano desta lição.

Numa primeira parte, veremos qual foi a concepção clássica da relação entre o Direito Administrativo e o Direito Comunitário. Numa segunda parte, debruçar-nos-emos, com maior detença, sobre o estado actual dessa relação. Como se imagina, é esta a área que mais tempo nos ocupará. E, dentro dela, concentrar-nos-emos sobretudo sobre o que chamamos de modelação do Direito Administrativo português pelo Direito Comunitário. A enorme actualidade e a complexidade dessa matéria vão exigir, por isso, que nos debrucemos mais longamente sobre os pontos 11 e 12 do sumário desta lição. Por fim, e numa terceira parte, sintetizaremos as grandes conclusões do tema que vai ser objecto desta lição.

Note-se que, salvo erro ou omissão, nunca até hoje esta problemática foi abordada no ensino do Direito Administrativo em Portugal. Aliás, quase só na Alemanha ela tem sido objecto de tratamento profundo da parte da doutrina. Mais uma razão, pois, para concedermos importância e oportunidade a esta lição.

II

Em 1971, OTTO BACHOF, um dos maiores nomes da doutrina alemã de Direito Administrativo deste século, foi convidado pela Associação de juspublicistas alemães a proferir uma palestra sob o tema *A dogmática do Direito Administrativo em face das novas tarefas da Administração*. Nessa ocasião, depois de haver defendido a dogmática clássica das críticas daqueles que apelidou de "modernistas" (ele estava a pensar, entre outros, em FORSTHOFF e BADURA), BACHOF propôs aos seus ouvintes a seguinte reflexão, que transcrevemos na íntegra: "Eu poderia terminar aqui o meu relato; mas sinto-me obrigado a apresentar-vos ainda um novo desafio no campo dogmático, ao qual me vou referir hoje só ao de leve: estou a pensar na inclusão do **Direito Europeu** nas nossas cogitações.

O Direito da Comunidade Europeia é, na sua essência, **Direito Administrativo**, e, de modo especial, **Direito Administrativo da Economia**. Confluem nele concepções jurídicas dos ordenamentos francês, alemão, italiano, e alguns outros; depois, ele irradia-se, por sua vez, para essas Ordens Jurídicas estaduais. Isso acontece assim tanto no domínio da produção das normas, como também no da sua interpretação, da sua percepção dogmática e da sua sistematização". E acrescentava logo a seguir o então Professor de

Tubinga: "Perante esse fenómeno, as dogmáticas nacionais não podem continuar intocadas. É difícil imaginar que, a longo prazo, continuem a existir, com total independência entre si, as dogmáticas alemã, francesa, italiana, e outras, e, acima delas, ainda uma dogmática comunitária do Direito Administrativo (...). Não podemos menosprezar esta realidade".

Estamos, pois, autorizados a dizer, como o faz hoje JÜRGEN SCHWARZE, louvando-se em HANS-PETER IPSEN e no mesmo BACHOF, que, se a Comunidade Europeia é também uma "Comunidade de Direito", como a doutrina enfatiza desde os anos 60 e o Tribunal de Justiça deixou afirmado, de modo expresso, no Acórdão proferido em 1986 no caso **Os Verdes** – nós próprios temos, desde sempre, manifestado uma grande preferência por esse modo de caracterizar a Comunidade Europeia –, se a Comunidade Europeia deve ser vista, dizíamos, como uma "Comunidade de Direito", nesse caso é ainda mais rigoroso qualificar-se a Comunidade Europeia de Comunidade **de Direito Administrativo**.

Este facto baseia-se numa forte e constante "interacção recíproca" entre os dois ordenamentos jurídicos, para usarmos uma feliz expressão de ZULEEG e RENGELING, e gera, por isso, uma coerência global na dogmática dos dois sistemas. Isso mesmo explica que um número significativo de Professores de Direito Comunitário, por essa Europa fora, tenha as suas raízes científicas no Direito Administrativo: de entre muitos nomes possíveis salientaremos apenas, e a mero título de exemplo, meia dúzia deles – os de HANS-PETER IPSEN, JÜRGEN SCHWARZE e PETER BADURA, na Alemanha, MICHEL FROMONT, em França, ROBERTO CARANTA, na Itália, e EDUARDO GARCÍA DE ENTERRÍA, na vizinha Espanha.

Como já salientava BACHOF, na passagem que há pouco lemos, a proximidade dogmática entre o Direito Administrativo e o Direito Comunitário começou logo no início da formação e da estruturação da Ordem Jurídica das Comunidades Europeias. **Esta nasceu essencialmente do Direito Administrativo**.

Logo na génese do Direito Comunitário tiveram influência os ordenamentos jurídico-administrativos sobretudo da França e da Alemanha, mas, com o decurso do tempo, também foi contribuindo para a estruturação do Direito Comunitário o Direito Administrativo da Itália e do Reino Unido.

A influência do Direito Administrativo no nascimento do Direito Comunitário iniciou-se logo nos Tratados. Tomemos como exemplo as fontes e as garantias contenciosas.

Antes de mais, as fontes do Direito Comunitário derivado.

Os autores do Tratado de Roma foram buscar inspiração no Direito Administrativo francês e alemão para a construção do instituto do regulamento, embora este, à revelia de um e doutro, seja, no Direito Comunitário, desde logo, um acto **legislativo** (é o chamado regulamento de base) e não apenas um verdadeiro regulamento **administrativo** (como acontece com o regulamento de execução).

Passemos agora à directiva e à decisão.

A directiva tomou como modelo a *directive* do Direito Administrativo francês. Ela serve na França de instrumento para a Administração se auto-vincular no exercício de poderes discricionários.

Por sua vez, a decisão consiste, na Comunidade Europeia, num acto administrativo definitivo e executório. Ela resultou da transposição para o Tratado CE do *act faisant grief* do Direito Administrativo francês, que, por sua vez, no século passado viria a inspirar a construção da teoria do acto administrativo no Direito alemão por intermédio de OTTO MAYER.

Vejamos agora as garantias contenciosas.

Quase todos os meios contenciosos previstos no Tratado CE foram importados dos sistemas administrativos francês e alemão. É logo nessa medida que começa por ser exacta a afirmação de que o Tribunal de Justiça das Comunidades Europeias é também um **tribunal administrativo**.

Assim, o recurso de anulação, previsto e disciplinado no art. 173º do Tratado CE, vê o seu regime quase por inteiro decalcado no *recours par excès de pouvoir* do Direito francês. Note-se, por exemplo, que os vícios que, segundo aquele preceito, podem servir de fundamento ao recurso – a incompetência, o vício de forma, a violação de lei e o desvio de poder – consistem nos mesmos vícios que classicamente são admitidos como fundamento do *recours par excès de pouvoir*, só faltando naquela lista a usurpação de poder, situação que os autores do Tratado julgaram de verificação difícil no quadro da repartição de poderes levada a cabo por esse Tratado. Todavia, o regime desse recurso, dessa forma obtido à custa do Direito Administrativo francês, foi enriquecido com a teoria da eficácia relativa a terceiros (o chamado *Drittwirkung*) do Direito alemão, por forma a se alargar a legitimidade activa para a interposição do recurso. Repare-se nesta característica muito peculiar do Direito Comunitário: da confluência num mesmo instituto de influências dos Direitos Administrativos francês e alemão nasceu um instituto novo, melhor do que as suas fontes. É caso para se dizer que o filho somou as virtudes de ambos os pais.

Por sua vez, a acção de omissão, prevista no art. 175º do Tratado CE, e a acção de declaração do incumprimento do Direito Comunitário, disciplinada nos arts. 169º e 170º do mesmo Tratado, encontram inspiração directa, respectivamente, na *Untätigkeitsklage* e na *Feststellungsklage*, do Direito Processual Administrativo alemão. Abrimos aqui um parênteses para prevenir que os Tratados Comunitários serão citados nesta lição com a numeração que tinham antes do Tratado de Amesterdão, já que este ainda não entrou em vigor.

Mas o Direito Administrativo dos Estados membros, a começar pelo da França e da Alemanha, teve também influência na elaboração e no desenvolvimento do Direito Comunitário substantivo ou material, após a entrada em vigor dos Tratados. O motor dessa influência foi o Tribunal de Justiça. Mais uma vez, e tal como fazia o pretor no velho Direito Romano, o juiz de Luxemburgo teve uma função determinante na elaboração do Direito Comunitário, aproveitando-se bem de dois factores: o facto de o Tratado CE ser um tratado-quadro e, portanto, ter conscientemente deixado várias lacunas em aberto; e o carácter evolutivo que é co-natural ao processo de integração, o que, por definição, e inevitavelmente, conferiu ao Tribunal de Justiça um importante papel na criação do Direito Comunitário e tornou este, como bem observa o antigo Juiz EVERLING, "muito mais num Direito pretoriano do que num Direito legislado".

Para começar, e como já atrás dissemos, o Direito Comunitário material é, ainda hoje, na sua essência, **Direito Administrativo da Economia**. E, nesse aspecto, o Direito Comunitário foi elaborado com base no *Wirtschaftsverwaltungsrecht* alemão. Isso permitiu, aliás, à Comunidade Europeia trazer para o cerne do seu sistema jurídico a construção alemã do pós-guerra sobre o Estado Social de Direito em matéria de organização económica, e, por via disso, definir para o poder político comunitário o mesmo papel equilibrado e neutro que, como bem notam FORSTHOFF, BADURA e STOBER, a Administração Pública detém em matéria de intervenção do Estado na vida económica à luz do sistema jurídico nascido na Alemanha à sombra da Lei Fundamental de Bona.

Mas a influência do Direito Administrativo nacional na elaboração do Direito Comunitário material exerceu-se também por algumas outras vias, das quais destacaremos aqui, pela grande importância de que se revestiu, a via dos princípios gerais de Direito.

O Tratado CE convidava o intérprete, e particularmente o Tribunal de Justiça, a apreender "os princípios gerais comuns aos Direitos dos Estados membros", quando, por remissão do art. 178°, o art. 215°, par. 2, dispõe que a responsabilidade extracontratual da Comunidade é julgada pelo Tribunal à luz daqueles princípios. Estimulado ou não por esse convite – que o obrigava a uma "comparação valorativa" entre aqueles princípios, como bem observam ZWEIGERT e IPSEN –, o Tribunal de Justiça elaborou e densificou um vasto conjunto de princípios gerais de Direito Administrativo, que passou a aplicar à actividade administrativa da Comunidade. Isso contribuiu, inclusivamente, para a grande importância que sempre tiveram na jurisprudência comunitária os princípios gerais de Direito como fonte do Direito Comunitário, desde logo devido ao carácter incompleto deste como Direito escrito.

Os princípios de Direito Administrativo que o Tribunal de Justiça começou a aplicar foram sendo importados, na sua maior parte, do Direito Administrativo francês, mas também o foram do Direito Administrativo alemão e, nalguns casos, do Direito Administrativo italiano e inglês. Foram eles, sobretudo, os seguintes: o princípio do interesse público (que tem sido aplicado, de modo especial, no Direito da Concorrência da Comunidade); os princípios da legalidade da actividade adminstrativa; da certeza do Direito; da boa fé; da proporcionalidade; da não-discriminação; da segurança jurídica e da protecção devida à confiança legítima; o princípio do procedimento administrativo ordenado e equitativo, englobando, sob a designação de *fair procedure*, transplantado do Direito britânico, um amplo direito de informação e de defesa do particular; o dever de fundamentação dos actos administrativos; e o dever de audiência do interessado antes da prática de qualquer acto administrativo que lhe cerceie um direito ou lhe imponha uma obrigação.

Note-se que todo este contributo do Direito Administrativo nacional para a formação do Direito Comunitário, de iniciativa essencialmente pretoriana, como se disse, foi controlado, e obedeceu a um critério pré-determinado: o de conduzir à criação, no âmago do Direito Comunitário, de um sistema doutrinário global, coeso e coerente.

Mas se, sobretudo no início da estruturação do Direito Comunitário, os ordenamentos administrativos nacionais contribuiram decisivamente para a sua formação, mais tarde iniciar-se-ia um movimento em sentido contrário: o da contribuição do Direito Comunitário para o aprofundamento dogmático dos Direitos Administrativos nacionais. Foi principalmente através da jurisprudência do Tribunal de Justiça que esse contributo se verificou. Aquele Tribunal tem vindo a levar a cabo, para se usar terminologia muito cara à doutrina italiana, uma "**reconstrução**" ou uma "**reelaboração**" dos Direitos Administrativos nacionais, sobretudo porque nem sempre os princípios e os institutos são devolvidos aos Direitos Administrativos nacionais na pureza com que previamente foram deles importados. Esse trabalho de reelaboração dos Direitos Administrativos nacionais através do Direito Comunitário tem levado à circulação horizontal das noções, dos princípios e dos institutos reelaborados e reexportados, o que, desde logo, tem colocado um fascinante desafio aos cultores do Direito Administrativo Comparado, porque tem produzido o importante resultado de aproximar os sistemas administrativos nacionais dos Estados membros entre si e, num plano mais geral, o de aproximar as Ordens Jurídicas de matriz românica e as do *common law*.

Como nota o Professor francês JEAN FRANÇOIS FLAUSS, são raros os domínios dos Direitos Administrativos nacionais que têm escapado à influência do Direito Comunitário por este meio. Mas, também aqui, merece destaque especial a reelaboração e o aperfeiçoamento que o Tribunal de Justiça tem fornecido às Ordens Jurídicas nacionais, sobretudo aos Direitos francês, alemão e inglês, em matéria de princípios gerais de Direito Administrativo. É que, como há pouco dissemos, os princípios gerais de Direito, inclusive os princípios gerais de Direito Administrativo, desempenham um papel importantíssimo na jurisprudência comunitária, e, por via disso, tornaram-se, há muito, numa fonte de Direito Comunitário que alguns Autores, louvando-se nos Acórdãos do Tribunal de Justiça nos casos **Algera**, de 1957, **Nold**, de 1974, e **Maizena**, de 1987, não hesitam em situar a um nível superior ao dos próprios Tratados, porque vêem neles o núcleo do *corpus juris* europeu ou, se se preferir, o repositório dos valores que constituem o património jurídico comum da União Europeia.

Os princípios gerais de Direito Administrativo que maior relevância têm assumido para as Ordens Jurídicas estaduais, depois de reelaborados pelo Direito Comunitário, têm sido os seguintes: os princípios da legalidade; do dever de boa administração; da subsidiariedade; da participação; da transparência; da certeza do direito; da proporcionalidade; da equidade; do respeito pelas expectativas jurídicas legitimamente constituídas; da não discriminação, particularmente em matéria laboral; da sujeição da discricionariedade administrativa aos limites objectivos trazidos pelos princípios gerais do Direito Comunitário; do recurso jurisdicional eficaz, que o Conselho Constitucional francês, no seu Acórdão de 21 de Janeiro de 1994 (caso da **Lei do Urbanismo**), expressamente confessou ter importado do Direito Comunitário; etc.

III

Mas não é a concepção clássica da relação entre o Direito Administrativo e o Direito Comunitário que mais nos interessa nesta lição. Ela encontra-se hoje ultrapassada pela visão moderna que aquela relação apresenta. De facto, mais recentemente, e, de modo particular, na última década, a relação entre o Direito Administrativo e o Direito Comunitário não só veio a assumir novos contornos como se aprofundou. E daí resultou ter-se passado a falar na existência de um Direito Administrativo **Europeu** ou Direito Administrativo **Comunitário**.

Sublinhe-se, embora a maior parte da doutrina não se aperceba disso, que as duas expressões não são sinónimas. De facto, por Direito Administrativo Europeu está-se, muitas vezes, a designar o contributo que para o Direito Administrativo dá também a Ordem Jurídica fundada na Convenção Europeia dos Direitos do Homem, e que foi exaustivamente demonstrado por FRÉDÉRIC SUDRE no Colóquio de Montpellier dedicado a este tema, e cujas actas se encontram publicadas na *Revue universelle des droits de l'homme*, de 1991. Mas, considerando que o impacto da Convenção Europeia dos Direitos do Homem no Direito Administrativo nacional tem sido bastante inferior ao do Direito

Comunitário, aquela ficará fora das nossas preocupações. Todavia, mesmo assim, e com esta prevenção, falaremos de Direito Administrativo **Europeu** no sentido de Direito Administrativo **Comunitário**, porque desse modo procede a maior parte dos Autores que têm dedicado atenção a este tema.

Mas, chegados aqui, temos, antes de mais, de assentar no conceito de Direito Administrativo Europeu de que nos vamos servir nesta lição, porque aquela expressão não é unívoca. A circunstância de esse conceito ainda se encontrar em formação faz com que ele seja utilizado numa pluralidade de sentidos.

Com efeito, são fundamentalmente cinco os sentidos com que a doutrina se serve do conceito de Direito Administrativo Europeu.

O primeiro sentido é o de Direito Administrativo Comparado, o de *jus commune europaeum*. Foi com este entendimento que se começou a falar, já há alguns anos, em Direito Administrativo Europeu. Muito embora encontremos as primeiras manifestações deste entendimento ainda no século passado, na obra clássica de LORENZ VON STEIN sobre a Teoria da Administração, *Die Verwaltungslehre*, de 1870, os precursores desta orientação parece terem sido JEAN RIVERO e MAURO CAPELETTI, na obra editada por este último em Florença, em 1978, sob o título geral *New perspectives for a Common Law of Europe*. Hoje, é este o sentido preferido por JÜRGEN SCHWARZE, quando utiliza o conceito nas muitas obras que tem dedicado ao tema.

O estado actual 23

A grande preocupação que norteia este Autor, quando se serve da expressão Direito Administrativo Europeu, é a de, como confessa, descobrir as possibilidades de uma "convergência dos Direitos Administrativos nacionais na Europa".

Mas não é este o sentido de Direito Administrativo Europeu que nos interessa para esta lição: ele não traz nada de novo.

Num segundo sentido, o Direito Administrativo Europeu será constituído, ou pelas fontes do Direito Comunitário que têm natureza administrativa – isto é, os regulamentos de execução, as directivas, quando incidam sobre matéria administrativa, as decisões, e também a jurisprudência comunitária, quando verse sobre matéria de Direito Administrativo –, ou, numa variante deste entendimento, pelas áreas dos ordenamentos jurídico-administrativos nacionais que já estão harmonizadas a nível comunitário, sobretudo pela via das directivas. Mas também este sentido não nos oferece interesse para esta lição, não só porque é pouco utilizado, como também porque é redutor da importância actual do tema.

O terceiro sentido com que se tem falado de Direito Administrativo Europeu é o de Direito Administrativo que regula a Administração interna da Comunidade Europeia, melhor dito, disciplina o procedimento administrativo interno dos órgãos comunitários. Traduz-se, portanto, em Direito Administrativo Procedimental da Comunidade. Trata-se de um sentido demasiado restrito e que pouca relevância apresenta para o objecto desta lição.

O quarto entendimento que tem sido dado ao conceito de Direito Administrativo Europeu é o de Direito Administrativo que rege a cooperação entre os órgãos comunitários, particularmente a Comissão, enquanto esta actua como órgão administrativo, e a Administração Pública dos Estados membros, com vista à aplicação do Direito Comunitário. Neste sentido, o Direito Administrativo Europeu disciplinará, por exemplo, as relações entre, por um lado, os órgãos comunitários, e, por outro, os Estados federados, as regiões autónomas, as autarquias locais e outras pessoas colectivas das Administrações nacionais, visando aplicar o Direito Comunitário na ordem interna dos Estados.

Este entendimento de Direito Administrativo Europeu tem assumido especial importância na Alemanha e na Itália, onde se têm suscitado especiais dificuldades com a participação, respectivamente, dos *Länder* e das regiões políticas no processo de decisão a nível comunitário. E os Autores que mais profundamente se têm ocupado do Direito Administrativo Europeu entendido neste sentido têm sido SABINO CASSESE, na Itália, e, sobretudo, SCHMIDT-ASSMANN, na Alemanha, nos vários estudos que este tem dedicado a este tema, e onde tem criado, para este efeito, a noção de Direito Administrativo **Cooperativo** na Comunidade Europeia: veja-se, por exemplo, o seu livro, publicado há semanas, *Das allgemeine Verwaltungsrecht als Ordnungsidee.*

O estado actual 25

Pelo princípio da subsidiariedade, formalmente definido como princípio geral do Direito Comunitário pelo Tratado da União Europeia, é concedida prioridade aos Estados na disciplina da participação da Administração Pública nacional no procedimento administrativo de cooperação com os órgãos comunitários com vista à aplicação do Direito Comunitário na ordem interna. O Código do Procedimento Administrativo português é, infelizmente, omisso sobre esta matéria, ao contrário, por exemplo, do seu homólogo espanhol, como demonstrámos no Colóquio Luso-Espanhol sobre Codificação do Procedimento Administrativo, que os Professores FREITAS DO AMARAL e LOPEZ RODÓ em boa hora organizaram em Madrid, em 1994. Daí têm surgido evidentes dificuldades no relacionamento da Administração Pública portuguesa com os órgãos comunitários, particularmente com a Comissão, com prejuízo para a aplicação do Direito Comunitário na ordem interna portuguesa, inclusive para o respeito, nessa aplicação, pelo princípio da subsidiariedade, que hoje constitui um princípio **também** do Direito Constitucional português.

Mas, não obstante tudo isso, também não é esse o sentido de Direito Administrativo Europeu que iremos levar em conta nesta lição.

Para a caracterização genérica do Direito Administrativo português – recordamos que é esse o objectivo desta lição – o sentido que importa aqui considerar é o que mais recentemente tem sido dado àquela expressão e é, simultaneamente, o sentido mais difícil e mais complexo que tem sido utilizado para se falar de Direito Administrativo Europeu. Enquanto que os quatro sentidos aos quais nos referimos antes nos dão uma noção **estática** de Direito Administrativo Europeu, este novo sentido fornece-nos uma sua visão que chamaremos de **dinâmica**. De facto, segundo esta nova interpretação daquele conceito, o Direito Administrativo Europeu resulta da influência do Direito Comunitário no Direito Administrativo dos Estados membros, de tal modo que **impõe** a modificação deste último. O que, em bom rigor, se pretende significar neste caso é que o Direito Comunitário, num movimento vertical, de cima para baixo, e ancorado no princípio do seu primado sobre o Direito interno, tal como a jurisprudência comunitária o construiu, **penetra directamente** no Direito Administrativo estadual, introduzindo neste alterações que os órgãos nacionais de criação e de aplicação do Direito ainda **não quiseram** ou, porventura, até **rejeitam**.

A palavra penetração (*"Durchdrinnung"*, segundo alguns Autores alemães) revela, com muito rigor, a intensidade com que se dá, por este sentido, a influência do Direito Comunitário no Direito Administrativo nacional. E o resultado que ela permite alcançar no ordenamento administrativo nacional conduz a que, para melhor se referir este entendimento de Direito Administrativo Europeu, se utilize a expressão "**europeização**" do Direito Administrativo nacional, ou se fale num Direito Administrativo "**comunitarizado**": num caso e noutro tem-se em vista espelhar-se melhor o efeito daquilo que designamos por **modelação** ou **conformação** do Direito Administrativo nacional pelo Direito Comunitário, imposta por este, e que por esta via se consegue alcançar.

Essa modelação tem tido lugar, por esse meio, em alguns domínios do Direito Administrativo nacional. Mas nós, nesta lição, levando em conta a função que, logo de início, lhe atribuimos no âmbito do programa desta disciplina, vamo-nos debruçar, de modo especial, sobre a conformação que o Direito Comunitário tem trazido ao Direito Administrativo estadual no mais importante dos domínios de que este se ocupa: estamos a pensar no domínio da **protecção dos direitos fundamentais**.

A compreensão do Direito Administrativo Europeu, no sentido de que nos estamos a ocupar dele, exige que previamente se saiba que a aplicação do Direito Comunitário constitui, em primeiro lugar, encargo **dos Estados membros**, isto é, da respectiva Administração Pública e dos seus tribunais. A obrigação de aplicarem o Direito Comunitário resulta para os Estados, logo para começar, do art. 5º do Tratado CE, que consagra o princípio da lealdade comunitária, de harmonia com o qual os Estados membros se comprometem a tomar todas as medidas que forem necessárias ao cumprimento das obrigações que para eles advêem do Direito Comunitário.

No que toca de modo especial aos tribunais, é feliz a afirmação, comummente utilizada, e de que nós próprios nos vimos servindo no nosso ensino, de que o juiz nacional é o **juiz comum do contencioso comunitário**, ou, dito mais simplesmente, **juiz comunitário**, querendo-se com isso significar que é a ele que compete, em primeira mão, zelar pela aplicação, por via judicial, do Direito Comunitário na respectiva ordem interna. Isso significa, designadamente, que é ao juiz nacional que cabe, primordialmente, fiscalizar o respeito, da parte da Administração Pública do respectivo Estado, pelos direitos subjectivos reconhecidos pelo Direito Comunitário aos seus cidadãos. Ora, a europeização dos Direitos Administrativos nacionais, de que nos estamos a ocupar, tem sido levada a cabo de modo particularmente notável exactamente no quadro da protecção jurídica do particular, ou, melhor dito, da garantia pelos tribunais nacionais dos direitos subjectivos que o Direito Comunitário confere aos cidadãos dos respectivos Estados membros. E o instrumento mais importante – ainda que não o único – da europeização, assim entendida, tem sido o das **providências cautelares** que os tribunais **nacionais** podem adoptar com vista a alcançar aquele objectivo.

Vamos, pois, ver como é que esse problema se coloca.

Antes, porém, queremos advertir para o facto de irmos entender por providências cautelares tanto as medidas provisórias que os tribunais podem conceder na dependência de processos principais já pendentes ou a instaurar (como é de tradição no nosso Direito Processual Civil, o que se pode ver pelo art. 383º, nº 1, do actual Código de Processo Civil) como aquelas que eles podem adoptar independentemente da interposição de qualquer outro processo.

Não encontramos directamente prevista nos Tratados Comunitários a possibilidade de os tribunais **nacionais** virem a decretar providências cautelares para protegerem direitos subjectivos criados directamente pelo Direito Comunitário. É certo que os arts. 185º e 186º do Tratado CE prevêem a concessão de providências cautelares pelo **Tribunal de Justiça**: o primeiro, quando lhe permite suspender a eficácia do acto para ele impugnado à sombra dos arts. 173º e 179º, e, o segundo, quando autoriza o mesmo Tribunal a adoptar, com grande generosidade, o que chama de "medidas provisórias necessárias", no quadro, antes de mais, da acção por incumprimento, da acção por omissão, ou da acção por responsabilidade extracontratual da Comunidade.

Mas essas providências cautelares, **que o próprio Tribunal de Justiça pode conceder**, não nos interessam neste lugar, porque muito dificilmente podem produzir consequências directas na ordem jurídico-administrativa interna dos Estados membros. Para esse fim, temos de ter em conta, como há pouco dissemos, apenas as providências cautelares que são decretadas pelos tribunais **nacionais**.

A concessão de providências cautelares pelos tribunais estaduais para a protecção provisória de direitos subjectivos **fundados no Direito Comunitário** constitui mais um domínio, e dos mais arrojados, do Direito Comunitário que deve a sua criação à jurisprudência do Tribunal de Justiça. Examinemos rapidamente os três mais expressivos e mais importantes casos que nos interessam para o efeito. Em qualquer deles vamo-nos cingir à matéria de facto e de direito que releva directamente para o estudo da problemática que estamos aqui a apreciar hoje.

O primeiro desses casos, cronologicamente, foi o caso **Factortame**.

A nova Lei sobre a Marinha Mercante (*Merchant Shipping Act*), aprovada pelo Parlamento britânico, em 1988, ao modificar a Lei anterior, de 1894, passou a exigir, para que os navios de pesca pudessem ser inscritos no registo britânico e, portanto, pudessem arvorar bandeira britânica, que eles fossem propriedade de entidades britânicas. Essa alteração legislativa afectava, entre outros, noventa e cinco navios de pesca da Sociedade *Factortame, Lda.*, e de algumas suas associadas, que, apesar de já exercerem a actividade de pesca arvorando bandeira britânica e já possuirem licença de pesca britânica, tinham de deixar de pescar sob bandeira britânica por as empresas em causa terem nacionalidade espanhola.

Por isso, aquelas sociedades requereram aos tribunais britânicos a declaração da incompatibilidade

O estado actual 31

daquela Lei com o Direito Comunitário, particularmente com o antigo art. 7º (hoje, art. 6º) do Tratado CE, que proibe a discriminação em razão da nacionalidade, e, ao mesmo tempo, pediram-lhes a adopção de providências cautelares até que fosse proferida a decisão definitiva no processo principal.

O Tribunal de 1ª instância, quanto ao pedido principal, decidiu suspender o processo e suscitar, junto do Tribunal de Justiça, a questão prejudicial da apreciação da compatibilidade da Lei de 1988 com o Direito Comunitário, invocando para o efeito o art. 177º do Tratado CE. No que toca às providências cautelares requeridas, ele ordenou a suspensão provisória da aplicação daquela Lei às requerentes.

O processo incidental da providência cautelar chegou em recurso à Câmara dos Lordes. E esta viu-se, desse modo, confrontada com duas posições antagónicas: por um lado, ela considerava procedentes os argumentos com base nos quais as requerentes haviam demonstrado que sofreriam um prejuízo irreparável caso a providência cautelar não lhes fosse concedida; mas, por outro lado, ela não podia ignorar que, como lhe fôra recordado no processo pelo Governo, segundo o Direito britânico os tribunais não podiam conceder a providência cautelar requerida num caso como o dos autos, porque uma velha regra do Direito do Reino Unido proibia a adopção de qualquer providência cautelar contra a Coroa.

Por isso, a Câmara dos Lordes decidiu suspender a instância e suscitar, perante o Tribunal de Justiça, ao abrigo do mesmo art. 177º, a questão prejudicial de saber se, não obstante a vigência da referida regra do Direito nacional, os tribunais britânicos tinham o poder de, num caso como o *sub judice*, decretar providências cautelares contra a Coroa quando estas tivessem o seu fundamento **no Direito Comunitário**.

No seu Acórdão prejudicial de 19 de Junho de 1990, o Tribunal de Justiça respondeu à Câmara dos Lordes que, se o juiz nacional, a quem tenha sido submetido um litígio relativo ao Direito Comunitário, entender que o único obstáculo que se opõe a que ele conceda providências cautelares para a protecção de um direito subjectivo reconhecido pelo Direito Comunitário reside numa norma de Direito nacional, nesse caso ele deve recusar-se a aplicar essa norma do Direito nacional. Aquele Tribunal fundamentava esta sua posição nos princípios do primado e da aplicabilidade directa do Direito Comunitário e naquilo que chamou de eficácia do Direito Comunitário.

Em conformidade com essa construção, o Tribunal reafirma, ainda com maior vigor, a doutrina que defendera no caso **Simmenthal**, em Março de 1978, de harmonia com a qual as normas de Direito Comunitário "devem produzir todos os seus efeitos de modo uniforme em todos os Estados membros, a partir da data da sua entrada em vigor e durante todo o seu período de validade" e que "as disposições do Tratado

O estado actual 33

e os actos directamente aplicáveis de Direito derivado têm como efeito, nas suas relações com o Direito interno dos Estados membros (...), tornar automaticamente inaplicável, de pleno direito, e pelo próprio facto da sua entrada em vigor, qualquer disposição em contrário do Direito nacional". Daí decorre que a plena eficácia das normas comunitárias na ordem interna impõe, adianta o Tribunal, que o juiz nacional adopte providências cautelares sempre que tal se demonstre necessário para prevenir a lesão irreparável ou de difícil reparação de direitos subjectivos invocados com fundamento no Direito Comunitário, **inclusive afastando, se for preciso fazê-lo, qualquer norma ou qualquer prática interna que a tal se oponha.** Note-se que esta mesma construção fôra defendida pelo Procurador-Geral TESAURO, nas suas conclusões, com recurso a uma ideia ainda mais expressiva: afirmara ele que o juiz nacional, para conceder plena eficácia às regras comunitárias, como é seu dever, tem de assegurar "uma tutela jurisdicional completa e efectiva" aos titulares de direitos subjectivos que têm a sua origem no Direito Comunitário. O Procurador-Geral louvava-se, nesta matéria, em processualistas célebres, como CALAMANDREI e CHIOVENDA, para os quais a protecção cautelar consiste num requisito imprescindível da efectividade da garantia judicial e, ao mesmo tempo, ela constitui um pressuposto necessário da plena eficácia da futura decisão definitiva que o tribunal vier a tomar.

Segue-se no tempo o caso **Zuckerfabrik**.

O Conselho das Comunidades aprovou, em 2 de Julho de 1987, com base no art. 73° do Tratado CE, o Regulamento n° 1.914/87, pelo qual criou uma quotização destinada a reabsorver integralmente as perdas sofridas pela Comunidade no sector do açúcar durante a campanha de comercialização de 1986-87.

Por aplicação daquele Regulamento, as alfândegas alemãs exigiram de cada uma das duas sociedades alemãs *Zuckerfabrik Süderdithmarchen* e *Zuckerfabrik Soest*, que se dedicavam à produção do açúcar, o pagamento de vultuosas somas, a título daquela quotização. Essas sociedades interpuseram recursos de anulação dos respectivos actos administrativos para o tribunal competente, respectivamente, o Tribunal Financeiro de Hamburgo e o Tribunal Financeiro de Dusseldórfia, invocando a invalidade do Regulamento comunitário em causa.

Simultaneamente com os recursos de anulação, as duas recorrentes requereram a suspensão das respectivas decisões das Alfândegas, dado que este tipo de actos se encontra excluído da regra geral segundo a qual o recurso de anulação tem, no Direito Administrativo alemão, efeito suspensivo (basta confrontar-se os n°s 1 e 2 do art. 80° da Lei Orgânica dos Tribunais Administrativos – *Verwaltungsgerichtsordnung*).

Nos dois processos, os respectivos Tribunais deferiram, a título cautelar, a suspensão da execução do acto recorrido.

Entretanto, em ambos os processos principais os respectivos Tribunais suscitaram perante o Tribunal de

Justiça a questão prejudicial da apreciação da validade do Regulamento em causa, por terem dúvidas sobre essa matéria. Em conexão com essa questão prejudicial, eles, nos processos incidentais em que decretaram as providências cautelares, colocaram uma nova questão prejudicial ao Tribunal de Justiça, onde lhe perguntavam, agora, se o art. 189º do Tratado CE deve ser interpretado no sentido de que a aplicabilidade directa dos regulamentos nos Estados membros **não exclui** a possibilidade de os tribunais nacionais suspenderem a execução de um acto administrativo baseado num regulamento comunitário, como medida de protecção cautelar de direitos, até ser proferida a decisão de fundo no processo principal. E, em caso afirmativo, perguntavam eles, também, se o critério jurídico à face do qual o tribunal nacional deve conceder protecção cautelar deve ser um critério extraido do Direito Comunitário, ou, ao contrário, um critério fornecido pelo respectivo Direito nacional.

Baseado nas densas conclusões do Procurador--Geral LENZ, o Tribunal decidiu, por Acórdão de 21 de Fevereiro de 1991, que a aplicabilidade directa do regulamento, assegurada pelo art. 189º do Tratado de Roma, **não excluia** o poder de o juiz nacional suspender o acto administrativo praticado com base num regulamento comunitário, sempre que isso fosse necessário à tutela provisória dos direitos controvertidos. Recusar-se a suspensão nesse caso, diz o Tribunal, equivaleria a violar a segurança jurídica e o princípio da protecção da confiança na Ordem Jurídica Comunitária. Por isso, a protecção cautelar, assim entendida, encontra o seu fundamento **no Direito Comunitário** e é aferida pelos critérios **próprios do Direito Comunitário**. Além disso, acrescentava o Tribunal, se assim não fosse, nestes casos concretos as requerentes ver-lhes-iam recusada a tutela provisória eficaz dos seus direitos, que o próprio Direito interno, através do art. 19°, n° 4, da *Grundgesetz*, lhes conferia, ao reconhecer aos cidadãos alemães o direito à garantia judicial.

Todavia, o Tribunal de Justiça fazia depender a concessão, nessa hipótese, pelo juiz nacional, de providências cautelares, de três condições.

A primeira era a de que o juiz nacional tivesse "sérias dúvidas" sobre a validade do regulamento em causa e, por isso, suscitasse, no próprio processo da providência cautelar, se não o tivesse já feito no processo principal, a questão prejudicial da validade desse regulamento. Esta condição visava assegurar, de modo reforçado (daí a referência às "sérias dúvidas"), um dos requisitos gerais da concessão de providências cautelares no Direito Processual, que consiste na "aparência de bom direito", a que os romanos chamavam *fumus boni juris*. Como o tribunal nacional não tem, no sistema dos Tratados, competência para julgar da validade do regulamento comunitário (reconhece o Tribunal, retomando a doutrina que deixara clara no caso **Foto-Frost**, Acórdão prejudicial de 22 de Outubro de 1987), e como também os particulares não

A concepção clássica

gozam, à face do art. 173º do Tratado CE, de legitimidade para, eles próprios, interporem recurso de anulação de um regulamento, a validade de um regulamento sobre o qual se funda o acto administrativo em questão só pode ser fiscalizada, em casos como o dos autos, pelo próprio Tribunal de Justiça e através do processo das questões prejudiciais. Aliás, foi exactamente por não se encontrar preenchida esta condição que o Tribunal de Justiça, por Acórdão de 26 de Novembro de 1996, não concedeu a providência cautelar requerida no caso **Port**.

A segunda condição reside na urgência da providência cautelar para se evitar ao requerente um prejuízo grave e irreparável, dito doutro modo, para se evitar uma situação de irreversibilidade da ofensa do direito – é o chamado *periculum in mora*.

Por fim, a terceira condição consiste na adequada ponderação do interesse da Comunidade que venha a ficar afectado pela concessão da providência cautelar requerida.

Como se vê, a resposta que o Tribunal de Justiça deu aos dois Tribunais nacionais teve um carácter didáctico e doutrinário – como, aliás, aquele Tribunal tanto gosta de fazer e é uma das suas maiores virtudes. E, por isso, em nada ficou afectada pelo facto de no mesmo Acórdão, ele, respondendo à questão da validade do Regulamento em apreço, ter entendido que não via razões para pôr em causa a sua validade. Cabia agora aos Tribunais nacionais, quer nos dois processos principais, quer nos dois processos incidentais, extrair as devidas consequências do facto de o Tribunal de Justiça não se haver pronunciado pela invalidade do Regulamento comunitário.

Analisemos, por fim, o caso **Atlanta**.

O Regulamento do Conselho nº 404/93/CE, de 13 de Fevereiro, que tinha por objecto a organização comum dos mercados no sector das bananas, criou, para entrar em vigor em 1 de Julho desse ano, um regime comum de importação, que se substituiu aos diferentes regimes nacionais.

Por aplicação daquele Regulamento, a empresa alemã *Atlanta Fruchthandelsgesellschaft* e dezassete outras sociedades do grupo Atlanta (que, todas elas, doravante designaremos em conjunto apenas por Atlanta) viram-lhes reduzidos, pelo Serviço federal alemão para a Alimentação e a Silvicultura (*Bundesamt für Ernährung und Forstwirtschaft*), os contingentes de importação de bananas de Estados terceiros. Dos respectivos actos administrativos a Atlanta interpôs recurso contencioso de anulação para o Tribunal Administrativo de Francoforte, fundado na alegada invalidade do referido Regulamento comunitário. Ao mesmo tempo requereu àquele Tribunal que, a título cautelar, ordenasse ao *Bundesamt* a passagem de certificados suplementares de importação para o 2º semestre de 1993.

Quanto ao pedido principal de anulação, o Tribunal Administrativo solicitou ao Tribunal de Justiça das Comunidades que se pronunciasse, a título prejudicial,

O *estado actual*

sobre a validade do Regulamento comunitário em questão.

No que especificamente dizia respeito à providência cautelar requerida, aquele Tribunal deferiu-a, tendo, por isso, ordenado, em 1 de Dezembro de 1993, ao *Bundesamt* que concedesse às requerentes, a título provisório, os certificados suplementares de importação.

Todavia, porque o Tribunal tinha dúvidas sobre a sua competência para o fazer, colocou ao mesmo tempo, ao Tribunal de Justiça, neste processo incidental, uma nova questão prejudicial, esta visando saber se o tribunal nacional pode adoptar uma injunção, um *mandamus*, isto é, uma providência cautelar positiva, que acautele o direito subjectivo reconhecido pelo Direito Comunitário e que seja ofendido por um acto administrativo nacional.

O Tribunal Administrativo fundamentava este seu pedido de questão prejudicial desta forma linear: reconhecia ele, transpondo para este caso a doutrina que o próprio Tribunal de Justiça afirmara no caso **Zuckerfabrik**, que a concessão da providência cautelar no caso *sub judice* era imposta pelo respeito que ele devia ao princípio da garantia judicial, consagrado no já referido art. 19°, n° 4, da *Grundgesetz*. Por isso, se se entendesse que ele não tinha competência para emitir uma injunção como meio de proteger direitos subjectivos de particulares atingidos por um acto administrativo nacional fundado no Direito Comunitário, nesse caso ele sentir-se-ia obrigado a suscitar, perante o Tribunal Constitucional federal, a questão da compatibilidade da Lei nacional de aprovação parlamentar do Tratado CE com o art. 19º, nº 4, da *Grundgesetz*, dado que o *Bundesverfassungsgericht*, no seu Acórdão de poucos dias antes, de 12 de Outubro de 1993, no caso **Maastricht**, se reservara o direito de declarar inconstitucional Direito Comunitário que fosse menos favorável aos direitos do particular do que o Direito nacional com ele conflituante. Muito acertadamente, GARCÍA DE ENTERRÍA observa que, deste modo, o Tribunal Administrativo de Francoforte estava a deixar claro que o **nível mínimo** de protecção jurisdicional que o Tribunal Constitucional federal pode reconhecer na Alemanha aos direitos subjectivos controvertidos por serem postos em causa por actos nacionais fundados no Direito Comunitário é o que é fornecido pela *Grundgesetz*, sob pena de aquele Tribunal poder declarar inconstitucional o respectivo Direito Comunitário, inclusive os Tratados.

Como reagiu o Tribunal de Justiça perante esta argumentação, que nunca antes fôra apresentada por um tribunal nacional perante ele de uma forma tão elaborada?

No seu Acórdão prejudicial de 9 de Novembro de 1995, o Tribunal de Justiça sustenta que não há razões para não se estabelecer um "paralelismo" (a expressão é do Tribunal) entre a protecção cautelar que ele próprio está habilitado a decretar à sombra do já referido art. 186º e aquela que os tribunais nacionais podem conceder a direitos subjectivos que tenham o seu fundamento no Direito Comunitário. Por isso, na medida em que aquele art. 186º autoriza o Tribunal de Justiça a conceder todas as "medidas provisórias **necessárias**", também o juiz nacional, inclusive o juiz administrativo, poderá adoptar todas as providências cautelares **que em cada caso julgue necessárias**. Mas o Tribunal não deixa de sublinhar que a concessão das providências cautelares, assim entendida, deve respeitar as condições que ele definira para o efeito no caso **Zuckerfabrik**, e que há pouco analisámos – e que são, na sua essência, as mesmas condições a que o Tribunal de Justiça entende dever sujeitar a sua própria competência para decretar providências cautelares, ao abrigo do art. 186º do Tratado CE.

Note-se que esta construção do Tribunal de Justiça, segundo a qual a competência dos tribunais nacionais para concederem protecção cautelar a direitos subjectivos reconhecidos **pelo Direito Comunitário** deve correr em paralelo à competência reconhecida **ao próprio Tribunal de Justiça** para outorgar protecção cautelar, à sombra do referido art. 186º, faz já prenunciar um avanço ainda mais acentuado na jurisprudência daquele Tribunal nesta matéria. De facto, no caso **Antonissen**, o Presidente do Tribunal de Justiça, por Despacho de 29 de Janeiro de 1997, e divergindo do Tribunal de Primeira Instância, entendeu não poder excluir, **de forma geral e abstracta**, que, numa acção de responsabilidade extracontratual instaurada por um particular contra a

42 *A nova dimensão do Direito Administrativo*

Comunidade, ao Autor devesse ser concedida, a título cautelar, e com base no art. 186°, uma caução até à data da sentença definitiva na acção, mesmo aceitando-se o risco de a caução se perder, por insolvência do requerente, se entretanto este não viesse a obter provimento no processo principal. Como se imagina, as implicações desta construção na definição da amplitude da competência dos tribunais **nacionais** para decretarem providências cautelares podem vir a ser profundas.

Do que fica dito acerca da importância das providências cautelares para a europeização do Direito Administrativo temos de extrair, em síntese, os seguintes ensinamentos.

O reconhecimento aos tribunais nacionais de uma ampla competência para decretarem providências cautelares com vista à protecção de direitos subjectivos conferidos pelo Direito Comunitário, e segundo os critérios estabelecidos por este, assinala uma profunda transformação na concepção clássica das relações entre o Direito Comunitário e o Direito interno, e, portanto, também entre o Direito Comunitário e o Direito Administrativo estadual.

Desde o início da integração, e até há bem pouco tempo, as relações, que sempre foram difíceis e complexas, entre o sistema jurídico comunitário e a Ordem Jurídica estadual esgotavam-se na afirmação da superioridade do primeiro sobre a segunda, através da construção, levada a cabo pelo Tribunal de Justiça, dos

O estado actual 43

princípios do primado e do efeito directo, já que a aplicabilidade directa, é bom recordá-lo, sempre constou expressamente dos Tratados. Nos nossos dias, a articulação entre as duas Ordens Jurídicas alarga-se substancialmente. De facto, surge-nos agora um Direito Comunitário que chamaremos de **Direito Comunitário de 2ª geração**, menos preocupado com os fundamentos da superioridade do Direito Comunitário (questão que começa a ser pacífica mesmo para a ordem constitucional dos Estados membros) do que com as consequências que as Ordens Jurídicas internas devem extrair desses fundamentos. O Tribunal de Justiça – como no-lo demonstram paradigmaticamente os três casos estudados, mas talvez, de modo especial, o caso **Atlanta** –, constatou que havia uma tensão permanente entre os imperativos absolutos do primado e a definição das consequências necessárias daquele princípio, definição essa que tinha de ser levada a cabo, **de modo descentralizado**, pelos próprios Estados membros. Assim se chegou ao problema da **plenitude da competência do juiz nacional na sua qualidade de juiz comunitário**. E essa plenitude só se alcança se concebermos como incindíveis a garantia judicial definitiva e a protecção cautelar que ele pode conceder aos direitos subjectivos reconhecidos pelo Direito Comunitário.

O dever que incumbe sobre o juiz nacional de conceder providências cautelares para a garantia judicial daqueles direitos decorre, pois, de alguns dos mais importantes **princípios constitucionais do Direito Comunitário**: antes de mais, o princípio do primado, mas também os princípios da interpretação e da aplicação uniformes do Direito Comunitário na ordem interna, da interpretação conforme dos Direitos estaduais com a Ordem Jurídica comunitária e, finalmente, o princípio da garantia judicial plena e eficaz, ou, se se preferir, da plena justiciabilidade no Direito Comunitário.

Para o plano do Direito Administrativo nacional, resulta, do que ficou dito, que o juiz administrativo está obrigado a fiscalizar a validade de actos administrativos nacionais contrários ao Direito Comunitário e a conceder todas as providências cautelares adequadas, inclusive providências cautelares positivas, que sejam necessárias para proteger situações jurídicas subjectivas constituídas pelo Direito Comunitário. Ele estará a actuar então como **juiz administrativo de Direito Comunitário**. E é assim que deve ser entendido, com naturalidade, que, quando o tribunal administrativo, por exemplo, suspende a eficácia de um acto administrativo nacional que está a aplicar Direito Comunitário – como aconteceu nos casos **Zuckerfabrik** e **Atlanta** –, ele está, em bom rigor, e em última análise, a travar a aplicabilidade imediata, naquele caso concreto, do próprio acto comunitário sobre o qual se funda o acto administrativo nacional.

Advêm daqui, para a própria estrutura do Direito Administrativo nacional, estas duas importantes consequências: por um lado, o alargamento do bloco de legalidade à luz do qual se demarca o conteúdo do princípio da legalidade da actividade administrativa na Ordem Jurídica de cada Estado, porque às fontes internas de protecção dos direitos fundamentais se soma a sua fonte comunitária; depois, o robustecimento da jurisdição dos tribunais administrativos nacionais, na medida em que eles passam a actuar **também** como tribunais comuns do contencioso comunitário, para garantir a eficaz aplicação do Direito Comunitário na respectiva ordem interna.

Pode, portanto, suceder que o juiz nacional – repetimos: enquanto actua como juiz **comunitário** – se veja obrigado a decretar providências cautelares não previstas no respectivo Direito nacional, e até **contra ele**, como vimos ter acontecido no caso **Factortame**.

Esta questão parece tornar despicienda a interrogação sobre se é necessário que o Direito Processual Administrativo português confira, de modo expresso, aos nossos tribunais administrativos competência para decretarem providências cautelares a fim de que eles possam conceder, com carácter geral, protecção provisória a direitos subjectivos **que têm o seu fundamento no Direito Comunitário**. A resposta é, obviamente, negativa, e pelas razões atrás enunciadas. Como o Tribunal de Justiça deixou claro, por exemplo, no Acórdão de 10 de Julho de 1990, no caso do **vinho de mesa** (caso **Tafelwein**), "a aplicação uniforme do Direito Comunitário não pode ser prejudicada pelas particularidades processuais existentes nos sistemas processuais nacionais".

Se o juiz português, mesmo assim, continuar a ter dúvidas sobre essa matéria, poderá suscitar perante o Tribunal de Justiça uma questão prejudicial de interpretação, e a resposta que obterá será, obviamente, a que obteve o juiz nacional nos casos **Factortame**, **Zuckerfabrik** ou **Atlanta**. Foi também essa a opinião enfaticamente manifestada durante muitos anos por GARCÍA DE ENTERRÍA em face da firme recusa que o legislador espanhol sempre manifestou em aceitar providências cautelares no contencioso administrativo, até à aprovação da nova Lei sobre o Contencioso Administrativo, de Julho passado.

Mas não nos podemos dar por satisfeitos com esta conclusão. **O Legislador nacional tem o dever de conformar a respectiva Ordem Jurídica com o Direito Comunitário**. Esse dever, que lhe advém, antes de tudo, do já referido princípio da lealdade comunitária, impõe que todos os órgãos nacionais de criação e de aplicação do Direito adaptem o Direito interno ao Direito Comunitário, como o Tribunal de Justiça, aliás, reconheceu há já vinte anos, no caso **Simmenthal**. Ora, quer em função desse dever, quer por respeito pela obrigação do Legislador de tornar mais fácil a tarefa do Juiz, é conveniente que um preceito expresso do nosso Direito Processual Administrativo confira competência ao juiz administrativo para decretar providências cautelares. No entanto, esse preceito ainda não existe. É certo que alguma doutrina e alguns arestos jurisprudenciais já extrairam essa competência da interpretação conjugada do actual art. 268º, nº 4, parte final, da Constituição, com os arts. 1º da Lei de Processo nos Tribunais Administrativos e 2º, nº 2, do Código de Processo Civil. Mas fica então não só por resolver o problema da tramitação processual das providências cautelares no Direito Administrativo como também por estabelecer as adaptações que as regras gerais de processo civil deverão sofrer quando aplicadas ao contencioso administrativo. Por isso, defendemos a introdução no Direito Processual Administrativo português de um preceito expresso sobre a matéria, que, na sua elaboração, tome como base o art. 123º da Lei Orgânica dos Tribunais Administrativos da Alemanha, embora devamos de imediato acrescentar que, sobretudo se o juiz administrativo português não se esquecer de que a protecção provisória dos direitos subjectivos constitui um imperativo da garantia judicial plena e eficaz, hoje com consagração constitucional, esse preceito vai ter muito maior alcance prático no Direito Administrativo português do que o tem no Direito Administrativo alemão, e por estas duas importantes razões: primeiro, porque no contencioso administrativo alemão faz parte da garantia judicial efectiva o efeito suspensivo *ope legis* do recurso de anulação como regra, o que, nesse caso, torna, quase sempre, desnecessário o recurso a outras providências cautelares, como, aliás, aquele próprio art. 123º reconhece no seu nº 5; depois, porque tendo o particular que esperar, em Portugal, porventura muitos anos para obter dos tribunais administrativos a sentença definitiva com trânsito em julgado (ao contrário do que sucede na Alemanha), ele terá muito maior necessidade de requerer a protecção provisória do direito controvertido do que o tem o administrado na Alemanha. Esse preceito deverá englobar, de modo claro, o poder de os tribunais decretarem, em geral, também providências cautelares de tipo **injunção** ou **intimação**, mesmo sem ser na dependência de qualquer processo principal, o que na Alemanha parece não poder ser conseguido estritamente através do referido art. 123°, e no Direito Comunitário parece ser impedido pelo art. 83°, n° 1, do Regulamento Processual do Tribunal de Justiça, ao interpretar o referido art. 186° do Tratado CE.

Esse novo preceito, a introduzir no Direito Processual Administrativo português, para além de vir permitir ao juiz administrativo a adopção, em geral, de providências cautelares não especificadas ou inominadas, em toda a medida em que elas se tornem necessárias conforme as circunstâncias específicas de cada caso (o que, por exemplo, o modelo francês do procedimento sumário – o chamado *référé* –, bastante mais limitado no seu alcance e no seu conteúdo, não permite), irá de encontro às condições que o Tribunal de Justiça considera deverem estar preenchidas para que o juiz nacional decrete providências cautelares quando actua como juiz comum do Direito Comunitário e às quais nos referimos atrás. Aliás, há uma outra razão para que a lei portuguesa inclua, de modo expresso, na competência dos tribunais administrativos, um amplo poder de decretar providências cautelares: é que, na ausência dessa inclusão, ele poderá conceder providências cautelares quando as situações jurídicas a proteger forem criadas **pelo Direito Comunitário**, mas não é seguro que o possa fazer quando estas tiverem a sua fonte **no Direito interno**, fora dos poucos casos excepcionais em que o Direito Administrativo português admite providências cautelares, aliás, segundo uma tradição antiga e que perdurou no Direito Administrativo do Brasil. Ora isso, por um lado, traduzir-se-ia numa discriminação dos titulares de direitos subjectivos que têm a sua fonte no Direito interno, e, por outro lado, provocaria uma cisão do Direito Administrativo nacional em dois blocos distintos, conforme se tratasse de aplicar o Direito interno ou o Direito Comunitário, o que poria em causa a necessária coerência global do sistema administrativo português.

Note-se que o reconhecimento expresso ao juiz administrativo do poder de decretar providências cautelares não especificadas alcançará uma amplitude particularmente vasta se o conjugarmos com o princípio constitucional da **reserva material de jurisdição**, acolhido no art. 212º, nº 3, da Constituição, porque nesse caso os tribunais administrativos poderão decretar providências cautelares não especificadas para proteger situações jurídicas subjectivas emergentes, pelo menos em regra, de **qualquer** relação jurídico-administrativa.

IV

É tempo de terminar.

A primeira conclusão a extrair desta lição é a de que as relações entre o Direito Administrativo e o Direito Comunitário têm-se vindo progressivamente a aprofundar e a assumir novas formas, com consequências directas na reelaboração contínua e recíproca da dogmática de ambos os sistemas jurídicos, como há quase trinta anos previa BACHOF. Pelo que em especial diz respeito à influência do Direito Comunitário no Direito Administrativo, há que realçar a importância que assume o nascimento do conceito de Direito Administrativo Comunitário ou Direito Administrativo Europeu.

Não obstante este conceito retratar um processo já em franca evolução, ele encontra-se ainda em formação ("das Europäisches Verwaltungsrecht **im Werden**", dizem os alemães, "le Droit Administratif Européen **en devenir**", escrevem os franceses), mas, mesmo assim, ele já coloca, no limiar do século XXI, novos e fascinantes desafios ao administrativista.

A segunda conclusão a que esta lição afoitamente nos permite chegar é a de que o Direito Administrativo Europeu, em qualquer dos sentidos em que utilizemos este conceito, mas sobretudo no último de que nos servimos, leva ao nascimento de um **novo** Direito Administrativo português.

Novo, antes de mais, enquanto ele vai sendo enriquecido pelos contributos positivos que, na sua elaboração, vêm directamente do Direito Comunitário e indirectamente, mas sobretudo pela mão do juiz comunitário, dos outros sistemas administrativos nacionais.

Novo, ainda, na medida em que vê reforçado o sistema nacional de protecção e de garantia dos direitos subjectivos dos particulares, robustecendo a justiciabilidade desses direitos e ampliando no Direito Administrativo português o âmbito do direito dos particulares "ao juiz" ou o seu "direito ao tribunal". Desse modo, são as próprias noções de Estado de Direito e de direitos fundamentais dos cidadãos que ficam reforçadas no sistema constitucional e administrativo português.

Novo, por fim, na medida em que o Direito Administrativo Europeu obriga o Direito Administrativo português a trazer para o centro da sua construção dogmática o conceito de direito subjectivo. Por essa forma, o Direito Comunitário obriga o Direito Administrativo português a aprofundar a sua função subjectivista ou garantística, conduzindo o sistema administrativo nacional a uma estrutura bivalente ou bipolar que assente, **de modo equilibrado e harmónico**, tanto na salvaguarda da legalidade objectiva como na plena e eficaz garantia dos direitos subjectivos dos particulares.

Ora, por todas essas razões, a comunitarização do Direito Administrativo português (para nos socorrermos de expressões muito felizes com que CLAESEN e

VON DANWITZ descrevem o problema em relação ao Direito Administrativo alemão) fornece "impulsos decisivos" para a modernização do nosso sistema administrativo e para o "enriquecimento" dos princípios e dos valores que enformam a sua estrutura interna. E, por tudo isso, é correcto falarmos numa **nova dimensão do Direito Administrativo português**, nascida exactamente por força do Direito Comunitário.

Nos anos 20, WALTER JELLINEK ensinava na Universidade de Heidelberga que "o Direito Constitucional passa, mas o Direito Administrativo permanece" (*"Verfassungsrecht vergeht, Verwaltungsrecht besteht"*). Como é hoje inverdadeira em Portugal esta afirmação daquele grande Mestre! Sobretudo por efeito da sua comunitarização, o Direito Administrativo português encontra-se hoje numa fase de profunda e progressiva reelaboração dogmática. Assim saibamos todos – a Ciência, o Legislador e o Juiz – compreender, em toda a sua dimensão, a transformação que está a ocorrer. Esta lição pretendeu tão-somente dar um primeiro contributo para o início de uma séria reflexão sobre essa matéria.